Anselm Spring
Maximilian Glas

HOLZ

Anselm Spring

HOLZ
DAS FÜNFTE ELEMENT

Text von Maximilian Glas

Wissenschaftliche Mitarbeit:

Prof. Dr. Walter Jung

FREDERKING & THALER

Die Deutsche Bibliothek verzeichnet diese Publikation in der Deutschen Nationalbibliografie;
detaillierte bibliografische Daten sind im Internet unter http://dnb.ddb.de abrufbar.

© 2005 Sonderausgabe der Erstveröffentlichung
© 1999, 2000, 2001 Frederking & Thaler Verlag GmbH, München
www.frederking-thaler.de

Alle Rechte vorbehalten

Fotos: Anselm Spring
Texte: Maximilian Glas
Wissenschaftliche Mitarbeit: Prof. Dr. Walter Jung
Lektorat: Daniela Weise, München
Umschlaggestaltung und Layout: Ernstfried Prade, Pradesign, Kinsau
Herstellung und Satz: Büro Sieveking, München
Reproduktion: Ernstfried Prade, Pradesign, Kinsau, und PHG Lithos, Martinsried

Druck und Bindung: Passavia Druckservice, Passau

Printed in Germany

ISBN 3-89405-523-5

Der ganze oder teilweise Abdruck und die elektronische oder mechanische Vervielfältigung, gleich welcher Art, sind nicht erlaubt. Alle Rechte für die Fotos liegen bei den Rechteinhabern und müssen dort direkt eingeholt werden. Abdruckgenehmigungen in Verbindung mit der deutschsprachigen Buchausgabe erteilt der Frederking & Thaler Verlag.

INHALT

- 15 Vorwort
- 16 Das Element des Lebens
- 19 Fossiles Holz
- 31 Was ist Holz?
- 65 Der Baum
- 103 Mensch und Holz
- 171 Lebendiges Holz

Holz ist nur ein einsilbiges Wort, doch dahinter verbirgt sich eine Welt voller Schönheit und Wunder.

Theodor Heuss

VORWORT

Wer einmal am Rande eines Waldes ein altes Stück Holz aufhob, durch Wind und Wetter fein geschliffen, im Sonnenlicht silbrig grau verwittert, der wird es nicht vergessen. Es ist, als wäre die weiche Zartheit dieses Holzes in die Innenfläche der Hand eingeschrieben.

Wer einmal einen spitzen Spreißel splitternden Holzes tief in der zarten Haut seiner Hand stecken hatte, wird dies auch nie vergessen. Haut und Holz sind feindliche Freunde. Sie gleichen sich in ihrer Sinnlichkeit und sind verschieden in ihrem eigenen Willen. Sie berühren sich zärtlich und durchdringen sich gegenseitig.

Nichts gibt es auf der Welt, das wie das Holz mit uns Menschen die gesamte Geschichte teilt. Kein anderer Stoff hat uns so geprägt, keinen anderen Stoff haben wir so weit gestaltet und verwandelt.

In der Wiege befahren wir wie in einem Schiff die ersten Monate des Lebens, in einem Sarg treten wir die letzte Reise an. Holz haben wir täglich in der Hand, es umgibt uns in unendlich vielen Variationen. Schon der Ort, an dem es wächst, ist uns heilig und heilsam. In Holz stecken Geist, Leben und Kraft, und es gibt noch immer Völker, deren einziger Werkstoff das Holz ist.

Holz ist seit Jahrtausenden modern. Es ist der universellste Werkstoff, den es gibt. Rund 60 000 verschiedene Holzgewächse kennen wir heute, das sind 60 000 unterschiedliche Rohstoffe, jeder hoch spezialisiert in seinen Eigenschaften und trotzdem variabel. Leicht oder schwer, weich oder hart, biegsam oder unbeugsam, dicht oder porös – Holz bietet ein unfaßbares Spektrum an Möglichkeiten.

Über das Thema Holz kann man Bibliotheken füllen. Bibliotheken aus Holz mit Büchern aus Papier und Pappe, also auch aus Holz. Mit unwahrscheinlich vielen Werken wissenschaftlichen, wirtschaftlichen, technischen und kulturanthropologischen Inhalts, mit zahllosen Forschungsarbeiten, Meßtabellen und Zeitschriftenartikeln.

Ja, man kann sogar die ganze Geschichte der Menschheit entlang der Entwicklung der Holz-Technologie beschreiben, so eng ist dieser Stoff mit uns verwachsen: vom ersten Ast, den ein gemeinsamer Vorläufer von Primaten und Menschen als Werkzeug zum Graben verwendete, bis hin zu dem modernen Werkstoff Cellulose-Acetat, den viele Menschen als Brillengestelle tragen und Zigarettenraucher voller Hoffnung als Filter verwenden.

Dieses Buch bietet ein ganz eigenes Tor in die Welt des Holzes – weitab von Zählen, Messen und Wiegen, fernab von rationalen Erklärungen, aufschlußreichen Statistiken und nützlichen Informationen. Dieses Tor ist das Bild. Das bewußt gestaltete Bild mit seiner Fähigkeit, das Gefühl, den Duft, das Licht, die unbewußten Bereiche des Erlebens zu wecken. Anselm Spring beobachtet das Holz seit dem Beginn seines philosophisch-künstlerischen Weges. In seinen Bildern öffnen sich Einsichten, die uns an die Wurzeln von Holz- und Mensch-Sein führen – an den Fundus dessen, warum man Holz das »Fünfte Element« nennen kann.

DAS ELEMENT DES LEBENS

Feuer symbolisiert den Beginn der Kultur. Die Überwindung der Angst vor übermächtiger Naturgewalt, der erste bewußte Gebrauch von Feuer, der Schritt vom Rohen zum Gegarten, die Feuerstelle als Zentrum eines Ur-Klans: Das sind wesentliche Schritte. Doch – woraus macht man Feuer?

Schon beim Ausgraben vieler Plätze, an denen Frühmenschen lebten, fällt auf, daß sie mächtige Schichten von Holzkohle und Asche aufweisen. Das erste Feuer des Menschen bedeutet eben auch: Holz. Die Gemütlichkeit des Kaminfeuers hat viel tiefere Wurzeln, als wir ahnen. Und der Barfußlauf auf glühenden Holzkohlen, wichtiges Ritual zahlreicher alter Kulturen, überbrückt viele tausend Jahre Menschsein.

Das Berühren von Holz, das Leben damit, ruft in uns vielfältige Empfindungen wach. Sie sind alt, denn die gemeinsame Geschichte von Holz und Mensch ist lang. In der Tat durchdringt das Holz all unsere Lebensbereiche, ist fein verzweigt wie dichtes Wurzelwerk in unsere Welt, in unser Wesen hineingewachsen.

Der griechische Philosoph Empedokles von Akragas (5. Jahrhundert v. Chr.) läßt in seiner Lehre von den Vier Elementen – Feuer, Wasser, Erde, Luft – die Dinge der Welt, also auch das Holz, als spezifische Mischungen dieser Elemente entstehen. Bei einem Baum, bei Holz, leuchtet die Beziehung zu allen Elementen unmittelbar ein.

Auch das alte China besaß eine Elemente-Lehre. Erstaunlicherweise taucht in ihr – neben Feuer, Erde, Metall und Wasser – das Holz direkt als Element auf.

Dies scheint auf den ersten Blick fremd. Und doch ist der Gedanke anziehend, ja beim ersten Nachdenken einleuchtend. Die »Elemente«, griechische wie chinesische, sind eine Art physikalischer Sinnbilder, und es ist nur die Frage, wo man den Ursprung setzt: im Stofflichen oder im Bewußtsein.

Der Begriff »Elemente« bedarf in beiden Fällen einer Erläuterung, denn er hat mit unseren chemischen Elementen nichts gemeinsam, es sei denn die Vorstellung von einer Art Grundstoff. Empedokles bezeichnet Feuer, Wasser, Erde und Luft als »rhizomata«, als Wurzeln: die Wurzeln der Dinge. Ihre Dynamik entsteht durch zwei bewegende Prinzipien: Liebe und Streit. In China stellen die Elemente fünf schöpferische Kräfte dar, nicht etwa passive Urstoffe. Yin und Yang, die beiden ursprünglichen Prinzipien des Kosmos, gestalten die Welt durch diese fünf Kräfte, durch fünf Arten von Aktivität.

Die für uns schwierigste Übung, aber auch die wichtigste Botschaft darin ist, sich Holz nicht als ruhenden »Klotz« vorzustellen, sondern als eine aktive Kraft, als Lebenskraft, als etwas Bewegendes. In der neueren englischen Fachliteratur wird für den Begriff Elemente das Wort »agents« verwendet, von lateinisch agens für handelnd, also eine real handelnde, wirkende – nicht nur abstrakte –, dynamische Kraft.

So bewegen in einem Prozeß des Werdens das Holz das Feuer, dieses die Erde, diese das Metall, dieses das Wasser und dieses wiederum das Holz. Die fünf Kräfte sind also keine unveränderlichen Wesenheiten: Sie ändern sich in Raum und Zeit, auch mit den Jahreszeiten, und jede Kraft hat ihre starken wie schwachen Phasen. Im steten Kreislauf lösen sie sich ab.

Dieser Kreislauf kann in zwei unterschiedlichen Abfolgen erkannt werden, hier bezogen nur auf die Holzkraft: Das Holz bringt das Feuer hervor und entsteht seinerseits aus dem Wasser; es überwindet die Erde und wird seinerseits vom Metall überwunden. Dabei ist es nicht so, daß jeweils nur ein Element an den Vorgängen beteiligt ist: Es wirken stets alle, doch nur eines ist dominant – eine Bewegung aus fünf großen Wellen, von denen jeweils eine führt.

Im Chinesischen heißt das Holz »mu«, und zwar in einer ähnlichen Begriffsweite wie im Deutschen. Mu ist Holz als Stoff, ist der Wald (geschrieben mit zwei oder drei Holz-Schriftzeichen), ist aber auch das Element. Das Element Mu regelt einige Beziehungen zu den einfachen Ordnungen der Welt: Bei den Wandlungsphasen gehört das Holz zum Osten, bei den Jahreszeiten zum Frühling, seine Farbe ist das Grün.

Weiter ausgeführt bedeutet dies: Aus dem Osten kommt das Licht, dort erscheint am Horizont die Sonne. Der Frühling beendet den Winter, bringt neues Leben hervor, das Wachstum beginnt. Die Farbe Grün ist das Symbol für die vegetative Kraft der Natur.

Holz ist also das Element des Lebens. Es wirkt als Kraft des Wachsenden, des organisch sich Entwickelnden. Diese Energie waltet über die Zeugung, über die Entstehung der Geschöpfe – und also auch über die Liebe. Die Dinge strömen in ihre Formen ein und entwickeln sich zu dem, was in ihrem Keim schon vorgeformt ist. Der Holzkraft zur Seite gestellt ist übrigens der Wind – der Wind des Frühlings, der das starre Eis des Winters besiegt.

Die Fünf Kräfte sind keine naturphilosophische Spielerei. Sie wurden aus der Naturbeobachtung entwickelt – und sie wirken direkt auf das Leben ein. Sie haben ihre Bedeutung in der Medizin, im Kreislauf von Säen und Ernten und im Orakel des I Ging. Nicht nur die Natur, auch der Lebenszyklus des Menschen unterliegt diesen Wirkungen. Das Kräftespiel überlagert sich dabei im großen wie im kleinen: Jedes Jahr steht ganz speziell unter einem Element, aber auch jeder Monat, jeder Tag, sogar jede Stunde.

Die Lehre von den Fünf Kräften läßt sich bis in die Anfänge der chinesischen Philosophie zurückverfolgen. Der Zahl Fünf kommt dabei eine tiefe symbolische Bedeutung zu (die fünf heiligen Berge, die fünf konfuzianischen Tugenden etc.).

Der Philosoph Tsou Yen (305–240 v.Chr.) war es, der die kosmologische Idee des Yin-Yang mit dem Konzept der Fünf Kräfte verknüpfte. Er entwickelte daraus eine reichhaltige naturphilosophische Lehre, die auch alchemistische Bedeutung besaß. Gerade in der Alchemie ergaben die Fünf Kräfte in den Verwandlungszyklen von Holz über Feuer zu Erde, Metall und Wasser eine wichtige Dynamik. Diese alte chinesische Betrachtungsweise zeigt nicht nur Einsicht, sondern auch höchste Achtung. Darin ist das Schönste bewahrt, was Menschen je über das Holz gedacht haben.

FOSSILES HOLZ

Hier ist der Baum aus purem Stein, im offenen Geheimnis, in harter Schönheit durch Hunderte von Millionen Jahren erbaut. Achat und Carneol und lichter Kristall haben Harz und Holz verwandelt, bis der Stamm des Riesen verdrängt hat die feuchte Fäulnis und parallel eine Statue amalgamierte:
Das lebendige Blätterkleid trennte sich auf, und als die Senkrechte gefällt, der Wald verbrannt war, hat feuchter Staub, hat himmlische Asche ihn umhüllt, bis Zeit und Lava ihm zuerkannte einen Lohn von klarem Stein.

Pablo Neruda

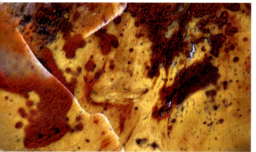

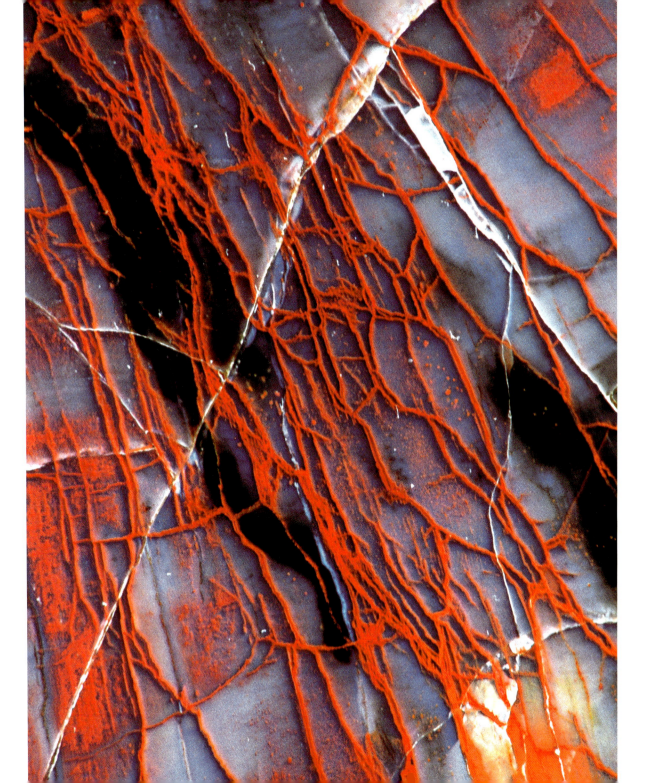

HOLZ AUS STEIN

Vor rund 255 Millionen Jahren, in der Zeit der Oberen Trias: Riesige Araukarien- und Woodworthia-Bäume stehen bis 70 Meter hoch zu einem Wald zusammen. Die Luft in den Niederungen ist schwer vom tropisch warmen Dampf. Salamander- und Rhinozeros-artige Saurier durchstreifen in Gruppen die farnbewucherten Lichtungen, und Schachtelhalme breiten ihre grazilen Nadelschirme im Unterholz aus. Ein dichtes und bizarres Leben erfüllt den Wald.

Doch hält der Erdkörper zu jeder Zeit vielfältige Überraschungen bereit: Heftige magmatische Schübe brechen Risse in die Erdkruste, gewaltige Vulkanausbrüche speien plötzlich kochendheißen Schlamm und feurige Lava über den Wald. Nur ein paar Augenblicke, und die stolzen, alten Baumriesen brechen wie Streichhölzer und werden von der glühenden Lawine wie Spielzeug fortgespült. Der Urwald, in zigtausend Jahren gewachsen und mit reichem Leben erfüllt, stirbt in wenigen Stunden.

Diese Szene fand wirklich statt, gewaltiger und grauenvoller, als wir sie mit Worten und Bildern schildern können. Wir befinden uns im Süden des heutigen Arizona. Heute stehen wir an eben diesem Ort und lesen Steine mit zerfetzten Lebensresten auf: Bruchstücke mit den Abdrücken von Farnzweigen und Schachtelhalmen, zersplitterte Knochen von Sauriern, Echsen und Fischen, kleine, zerdrückte Schneckenhäuser – stumme Zeugen einer gigantischen Katastrophe.

Mit viel Geduld rekonstruieren wir aus all den Überbleibseln die Vielfalt des Lebens in diesem alten Araukarienwald, können uns zurückversetzen in das rätselvolle Leben jener Zeit. Wissenschaftler sammeln wie Kriminalisten selbst die kleinsten Spuren und fügen daraus ein stimmiges Bild zusammen. Einen Wald wie diesen gibt es heute nicht mehr.

Am überraschendsten sind die Reste der Bäume: Wie auf dem Spielplatz eines Riesen liegen die Stammstücke herum, bis drei Meter dick und tief zerklüftet. Manchmal finden wir ganze Baumstämme, meist in kürzere Stücke zerbrochen, wie Worte eines langen Satzes. Die Bilder von Seite 20 bis 23 sind eindrucksvolle Beispiele für die heutige Landschaftsszene.

Der Boden ist übersät mit kleinen und kleinsten Holzbruchstücken und Ästchen, und heben wir ein Stück auf, ist es kalt und hart wie Stein. Wir sehen Holz, doch in der Hand halten wir Stein. Wie durch ein Wunder ist das Holz in farbenprächtigen Edelstein verwandelt worden. Der chilenische Dichter Pablo Neruda beschrieb es treffend (Seite 22).

Vor allem der Chalcedon mit seinen vielfältigen Erscheinungsformen hat das Holz ersetzt, zum Teil so fein, daß wir in einigen Stücken noch unter dem Mikroskop die Gewebestrukturen studieren können. Chalcedon ist ein feinstkristalliner Quarz, welcher mehr oder weniger dicht ausgebildet ist, oft auch durchscheinend wie Wachs. Einige feinverteilte Elemente – vor allem Eisen, Mangan und Chrom – verleihen dem Chalcedon unterschiedlichste Farben und Farbnuancen: Die Palette reicht von Gelb, Rot, Blau, Grün, Braun und Grau bis zum dichten Schwarz. Oft finden wir in ein und demselben Stamm roten Carneol, schwarzen Onyx, bunten Jaspis, zart blaugrauen Chalcedon und gebänderten Achat.

Das versteinerte Holz ist oft wild gemustert, je nach den Strukturen und Brüchen im ursprünglichen Material. In manchen Stücken scheint sogar das rote Flammenmeer des Vulkanausbruchs versteinert vor uns auf dem Tisch zu liegen. Die Bilder von Seite 24 bis 27 geben einen Einblick in diesen prachtvollen Mikrokosmos.

Was ist da geschehen? Wie wird Holz zu Stein? Schauen wir den Vulkanausbruch noch einmal an: Die glühendheiße Schlamm-, Asche- und Stein-Lawine reißt die Stämme mit sich und bettet sie oft ganz ein. Die Rinde, das Laub, feine Ästchen und Wurzeln sowie der äußere Teil des Holzes verbrennen sofort. Doch bildet sich auch schnell eine Schicht Holzkohle, und weil das begrabene Holz unter Sauerstoffabschluß nicht weiter verbrennen kann, bleiben Stammreste in dem abkühlenden Lavabrei eingeschlossen liegen. Dann kehrt erst einmal Ruhe ein – äußerlich.

Im Inneren des Sediments beginnt ein Prozeß, bei dem der Quarz der Aschen und Laven das Holz langsam durchdringt und als Chalcedon auskristallisiert. Dieser Vorgang bleibt rätselhaft. Es gibt zahlreiche Theorien darüber, die sich schon im Ansatz widersprechen, und eine wirkliche Erklärung steht bis heute aus. Sicher ist nur, daß in einem langsamen Prozeß, bei dem die Zusammensetzung der erstarrten Lava, Temperatur, Druck, Wasser und Zeit die Hauptrollen spielen, das ehemalige Holz zu Stein wurde. Und zwar zu einem Stein von großer Härte: Bei der Millionen Jahre dauernden Verwitterung zersetzten sich zwar die vulkanischen Gesteine, nicht jedoch das versteinerte Holz: Es besteht jetzt aus Quarz und weist die Härte 7 nach der Mohsschen Härteskala auf (höchster Wert ist 10 für Diamant). Während Wind und Wasser das zu Sand und Staub gewordene Gestein abtransportieren, bleiben die Stammriesen in der Wüste einfach an der Oberfläche liegen.

Dieses Arizona-Szenario zeigt nur eine Variante, wie ein Wald »versteinern« kann. Aus der Erdgeschichte kennen wir zahlreiche Möglichkeiten und Orte der fossilen Überlieferung von Holz. Die Steinkohle-Wälder von Ruhr und Saar sind bekannte Beispiele, und auch in den erdgeschichtlich jungen Braunkohle-Vorkommen fand man Wälder mit großer Artenvielfalt.

350 Millionen Jahre Baum- und Waldgeschichte sind uns durch Funde überliefert. Weltweit kennt man Dutzende solcher Wälder; zu den faszinierendsten Fundstellen zählen Chemnitz in Sachsen, Welwitschia in Namibia, Gilboa im US-Staat New York, der Braunkohle-Wald von Wackersdorf in Bayern, der Cerro Cuadrado Bosque Petrificado in Patagonien, das Makattam-Gebirge bei Kairo, der Apolithomenos Dasos auf der Ägäis-Insel Lesbos, der Rainbow Forest im Virgin Valley von Nevada, der Blue Forest von Wyoming und der Petrified Forest von Arizona.

WAS IST HOLZ?

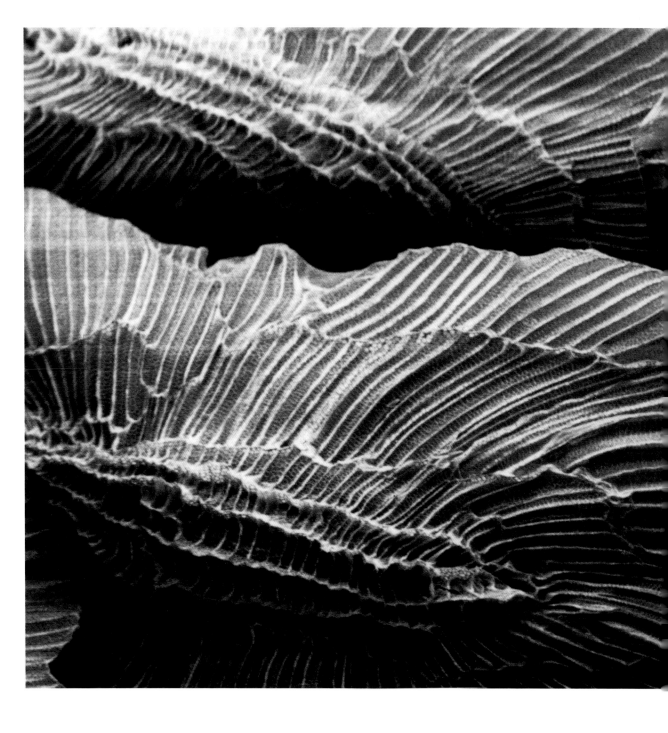

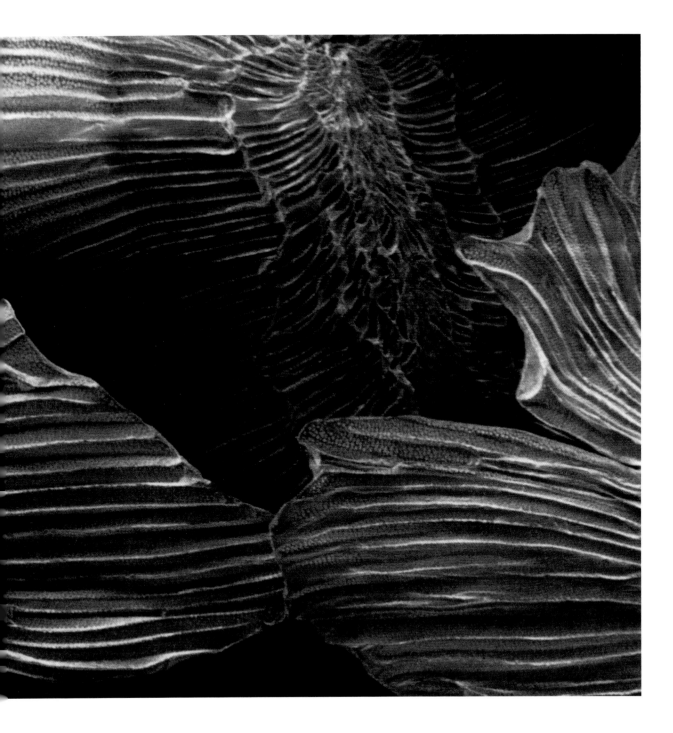

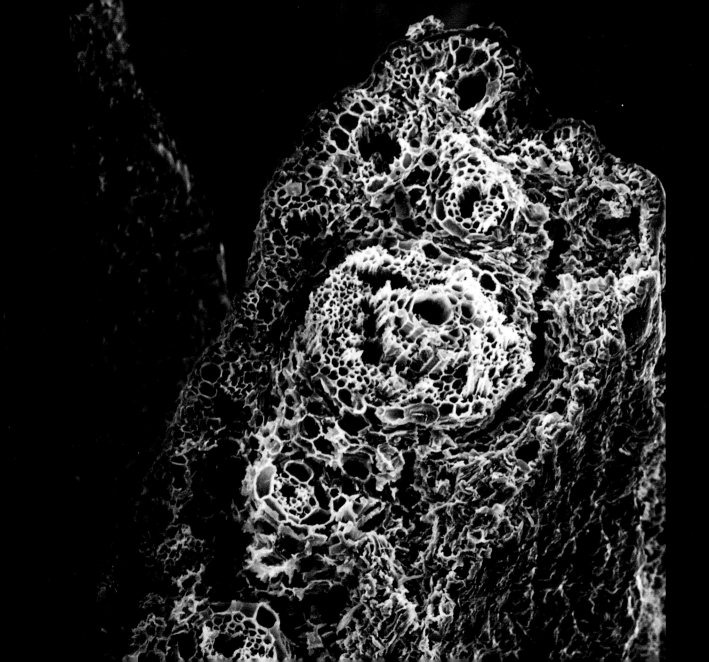

Eigenschaften haben Ursachen. Die immense Vielseitigkeit von Holz entsteht durch die zahllosen Möglichkeiten im Aufbau der Holzgewebe. In den über 350 Millionen Jahren Baumgeschichte hatte die Natur Zeit, unterschiedlichste Feinstrukturen zu erproben.

Es gibt nicht »das typische Holzgewebe«, es gibt Dutzende von spezialisierten Zellen und Zellverbänden. Holz hat eine komplexe Anatomie. Man unterscheidet zum Beispiel Siebröhren, Bastparenchyme, Hoftüpfel, Harzkanäle, Meristeme, Holz, Tracheiden – um nur ein paar Details zu nennen. Die Formen richten sich dabei nach den Aufgaben, ob Zellen und Gewebe Speicher-, Leit-, Wachstums- oder Festigkeitsfunktionen übernehmen.

Auf den Seiten 32 bis 37 gewinnt man einen kleinen Einblick in eine Dimension, die man im normalen Licht nicht sehen kann. Eine neue, bizarre Formenwelt erschließt sich hier im Rasterelektronen-Mikroskop (REM). Man vergleiche die luftige Feinheit des weichsten Holzes (Balsa) mit Wandstärken um tausendstel Millimeter, im Vergleich dazu die stabile Dichte des härtesten Holzes (Pockholz). Die Technologie der Natur und die Schönheit der erreichten Lösungen im Holz zeugen von einem großen Einfallsreichtum.

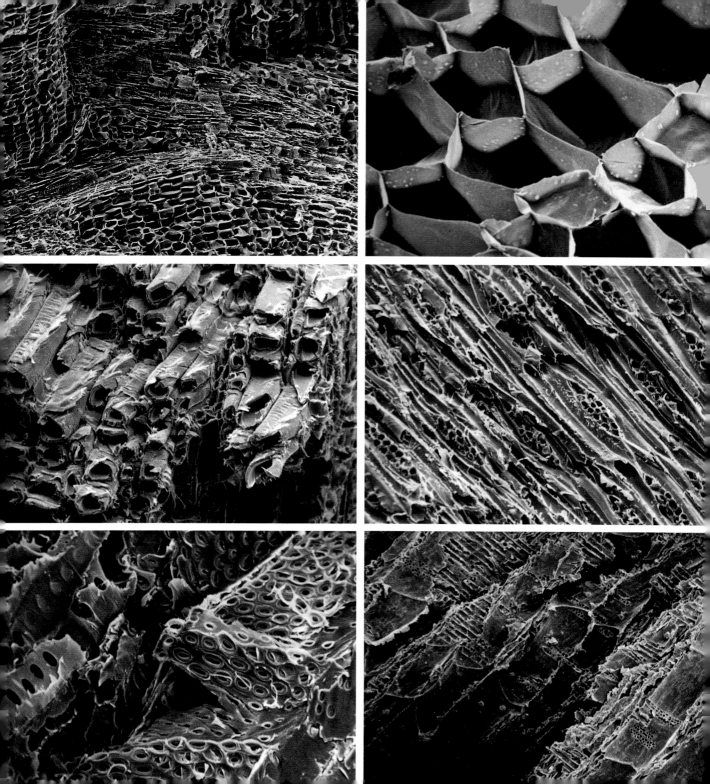

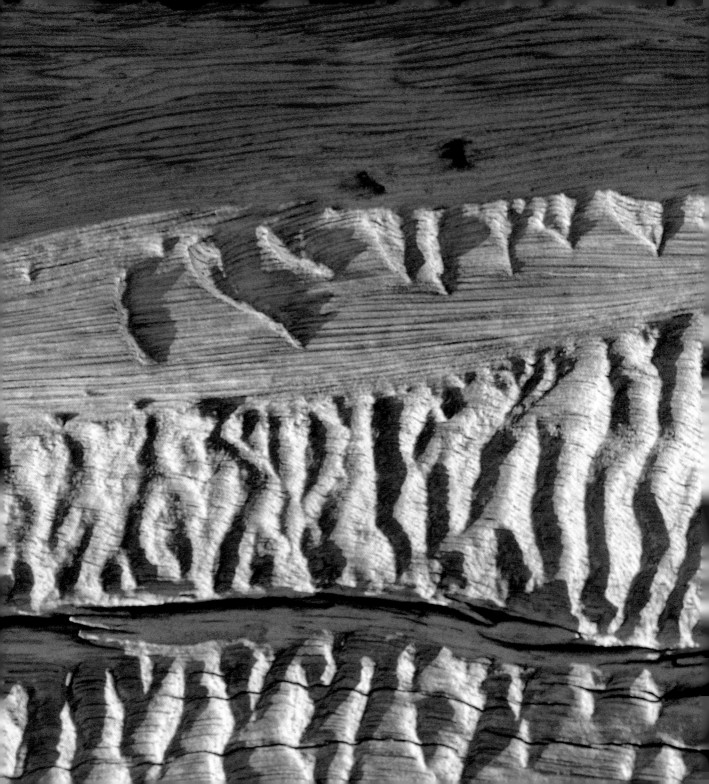

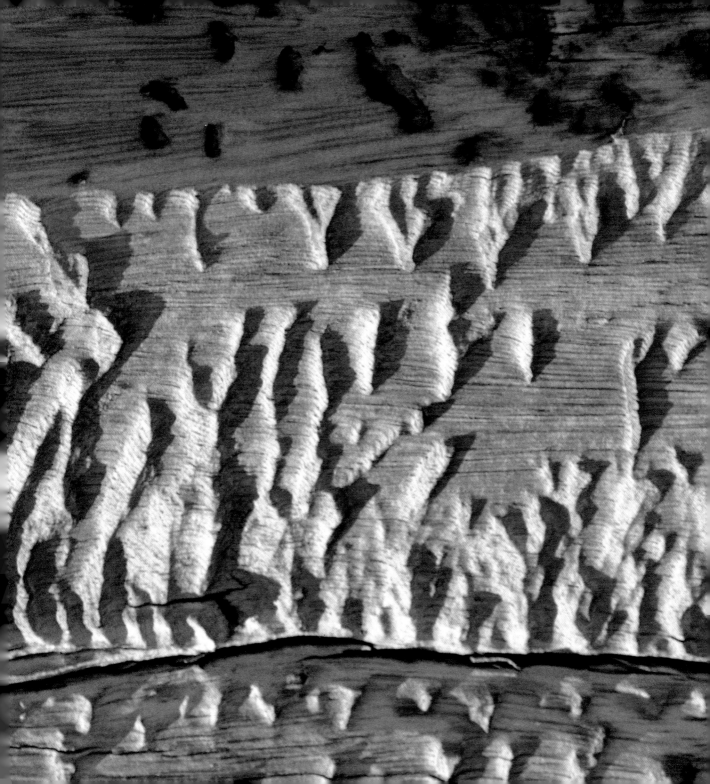

Formen wie Wellen, Wind und Gebirge. Was prägt die Form des Holzes? Ist es das Wasser, das den Stamm durchfließt? Sind es die Energien an dem Platz, wo es wächst? Sind es Wind und Wetter? Ist alles Zufall?

Der eigene Bauplan gibt nur Struktur und Richtung vor. Alles andere kommt aus dem Leben. Wie sensibel muß ein Baumriese, muß das harte Holz sein, damit sich die Formkräfte des weichen Wassers darin abbilden?

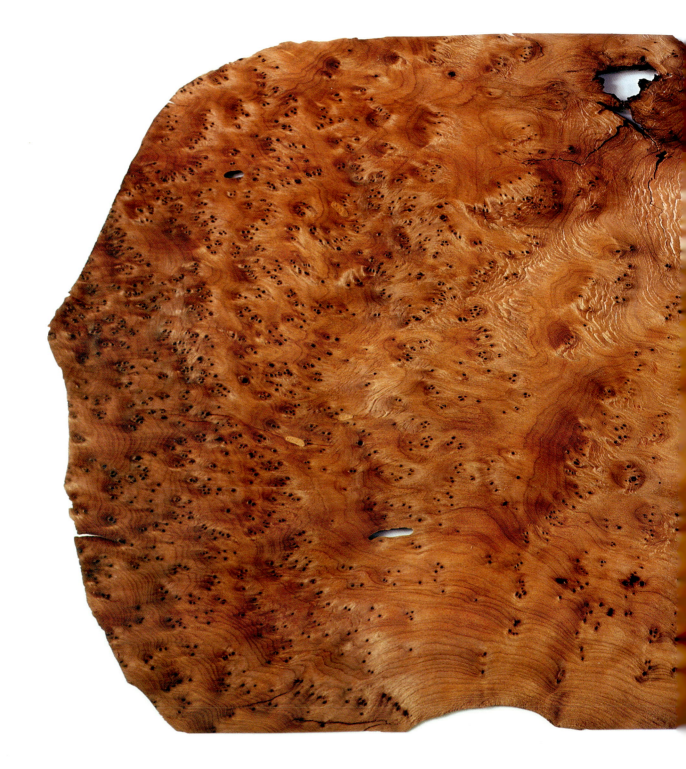

Ein Rinderknochen und ein Wurzelholz: ein symbolisches Gelenk, zusammengefügt von einem in die Tiefe sehenden Fotografen.
Das Holz als »Skelett« des Baumes, das im Pflanzenreich die ganze Pracht der Größe entfalten ließ. Und die Knochen als inneres »Holzgerüst«, das uns und den Wirbeltiergeschwistern die bizarrsten Körperformen ermöglichte, vom Frosch über die Giraffe bis zum riesigen Wal.
Wie sich Aufgabe und Struktur der so unterschiedlichen Baustoffe gleichen. In ihrer Verwitterung treten die gemeinsamen Feinheiten zutage, ihre Sensibilität, aber auch ihre Kraft.

Als Holz verstehen wir in der Umgangssprache eigentlich den Stoff, aus dem die Möbel sind: also das mächtige, tragende Holz eines Baumes. Doch ist dieser Stoff aus Cellulose und Lignin (siehe Seite 62) nicht nur in Stämmen von Bäumen zu finden. Bereits in feinsten Trieben und dünnsten Würzelchen wird Lignin in die Gewebe eingelagert, wird Holz angelegt. Auch Grashalme und viele andere pflanzliche Gewebe können Lignin enthalten, man denke etwa an Bambus und Dornen. Auch Samen, Kerne und Schalen von Früchten und Nüssen sind oft verholzt (das Bild zeigt das verholzte Gewebe getrockneter Kürbisse). Wer zum Beispiel eine Birne ißt, spürt das Holz ganz deutlich zwischen den Zähnen; es gibt sogar »Holzbirnen«.

Gestalten des Lebens. Gestalt des Lebens. Die bizarrsten Bäume der Welt: die Bristle Cone Pines (Pinus longaeva, die »langlebende«) im Westen Nordamerikas, Lebensbaum der Indianer. Als so ein Lebewesen seine ersten kleinen Zweige formte, waren die Menschen erst im Erwachen: Bis 5000 Jahre alt können diese Bäume werden.
Besuchen Sie irgendwann in Ihrem Leben diese Bäume! Auch die zwei Wesen der vorangegangenen Seite treffen Sie dort. Ihre Reise wird mit einem besonderen Erlebnis belohnt.
Sie erfahren es in diesen Bildern: Achten Sie darauf, wie Ihre Augen beim Betrachten in steter Bewegung bleiben, wie sie versuchen, jedem Detail nachzuwandern, nie in der Lage, ganz zu erfassen, was sie sehen. Soviel Lebenszeit ist hier Gestalt geworden …
In der Sprache der Hopi kann man Zeit nicht zählen. Man kann sie nur erleben.

WAS IST HOLZ?

Holz ist eine der genialsten Erfindungen der Schöpfung. Nur mit Hilfe dieses Gewebes gelang es den Pflanzen, über das »Unterholz« hinauszuwachsen und den alles überragenden Urriesen Baum zu schaffen, das gewichtigste Lebewesen der Erde. Ohne Knochen gäbe es uns nicht, ohne Holz den Baum nicht – wir beide wären der übermächtigen Schwerkraft der Erde nicht gewachsen.

Holz ist ein raffiniert aufgebautes Gewebe, der differenzierteste naturgewachsene Stoff. In tausenderlei Gestalt und unendlich vielen Formen, Strukturen und Farben überrascht es uns täglich neu. »Holzkopf« ist eigentlich ein hohes Lob …

Schlägt man einen Baum, dann versiegt zwar der Anschluß an die Quelle, den Nährboden, in dem er wurzelt, doch das Holz behält die Fähigkeit des Austauschs mit der Umwelt. Holz kann quellen und trocknen, noch nach Hunderten von Jahren. Es »arbeitet«, solange es existiert.

Holz bietet dem Baum nicht nur Standfestigkeit, es regelt die Wasser- und Nährstoffversorgung und speichert lebenswichtige und verbrauchte Substanzen. Eine immense Gewebevielfalt ist das Geheimnis der Erfüllung all dieser Aufgaben, und jedes Holz hat seine persönlichen mikroskopischen Gewebekennzeichen. Noch nach Jahrmillionen kann man an einem Bruchstück versteinerten Holzes unter dem Mikroskop ermitteln, zu welcher Gattung das Holz gehört.

Der erste, der Zellen eines Baumes unter dem Mikroskop sah, war übrigens der englische Naturforscher Robert Hooke: Im Jahre 1667 legte er ein Stück Kork unter sein neu konstruiertes Mikroskop. Er erkannte darin seinen Aufbau aus einzelnen Zellen und zeichnete, was er sah.

Holz besteht aus Cellulose und Lignin; es enthält zudem Harze, Wachse, Fette, Öle, Stärke, Zucker, verschiedene Mineral-, Gerb- und Farbstoffe sowie Alkaloide. Es ist vor allem das Lignin, das aus einer gewöhnlichen Pflanzenzelle die Zelle eines Holzes macht. Lignin (von lateinisch lignum, das Holz) ist nach der Cellulose der mengenmäßig wichtigste Rohstoff im Pflanzenreich. 20 bis 40 Prozent vom Trockengewicht des Holzes bestehen aus diesem »Verholzungsstoff«; bei Nadelhölzern ist der Anteil höher als bei Laubhölzern. Der hochpolymere Stoff ist chemisch und physikalisch fest mit der Cellulose verbunden und macht sie stabil und druckfest. Durch die Ligninbildung verholzen unterschiedliche Pflanzenteile: Feinste Triebe, Würzelchen, Nußschalen und Zapfen, viele Früchte und Samen enthalten Lignin.

Die große Gewebevielfalt und der ungeheure Artenreichtum an Holzgewächsen – rund 60 000 Arten sind heute bekannt – bieten uns das, was wir an Holz so schätzen: ein enormes Spektrum unterschiedlichster Eigenschaften. Für zahlreiche technische Anwendungen finden wir im Reich der Hölzer den richtigen Rohstoff. Dazu beschenkt uns Holz mit seiner Schönheit: Die verschwenderische Vielfalt an Texturen, Zeichnungen und Farben ist eine tägliche Anregung für Handwerker ebenso wie für Künstler.

Je nach Faserverlauf ist ein Holz gestreift, gefleckt, geriegelt, gewellt, geflammt, moiriert oder geaugt – um nur einige Begriffe zu nennen.

Die auffallendste Struktur vieler Hölzer sind die Jahresringe. Im Wechsel der Jahreszeiten ändert sich auch die Aktivität eines Baumes: Auf die Winterruhe folgt die Bildung des Frühholzes, bei den Nadelbäumen stärker ausgebildet als bei den Laubbäumen; dann kommt das Anlegen des Spätholzes, bei belaubten stärker als bei benadelten Bäumen.

Sommer und Winter, Wachstum und Ruhe: So logisch klingt das. Wenn wir aber in Richtung Äquator wandern, verschwindet der Unterschied zwischen den Jahreszeiten – und trotzdem haben dort wachsende Bäume »Jahresringe«. Ein Baum reagiert nicht einfach passiv auf seine Umwelt, sondern hat eine innere Uhr mit Wachstumsphasen und Ruhepausen. Man spricht daher besser von »Zuwachsringen«.

In den Zuwachsringen ist die Lebensgeschichte des Baumes dokumentiert. Man sieht, welche Jahre »fett«, welche »mager« waren – damit ist in den Ringen auch die Klimageschichte unserer Erde eingeschrieben. Um das Jahr 1920 kam der amerikanische Astronom und Physiker A. E. Douglas auf eine spannende Idee: Wenn man das Klima aus den Zuwachsringen ablesen kann, dann müßten die Jahresfolgen in Stämmen derselben Holzart selbst über große Entfernungen hin vergleichbar sein. So konnte man aus der Stärke der Zuwachsringe vieler Einzelbäume eine ganze Zeitfolge zusammenstellen, ein brauchbares Maßband für Jahrtausende.

Viele Gewebe mit den unterschiedlichsten Aufgaben bilden das Holz. Von außen nach innen sind dies:

ABSCHLUSSGEWEBE UND PRIMÄRE RINDE

Epidermis: den jungen Pflanzenkörper nach außen abschließende Zellschicht mit Schutzfunktion (primäres Abschlußgewebe).

Periderm (Kork): ersetzt mit steigendem Alter die Epidermis (sekundäres Abschlußgewebe); besteht aus dem teilungsfähigen Phellogen, dem nach innen abgegebenen Phelloderm und dem dickeren, nach außen abgegebenen Kork, dem Phellem.

Borke (oft fälschlich Rinde genannt): Mit zunehmendem Alter und wachsendem Umfang werden in den äußeren Partien, nach innen immer fortschreitend, häufig weitere Phellogene gebildet und das äußere Gewebe als Schuppen oder Ringe abgestoßen (tertiäre Rinde).

Primäre Rinde: Grundgewebe zwischen Abschluß- und Leitgewebe mit Speicher- und Photosynthese-Funktion; geht im Verlauf des Dickenwachstums durch die Bildung der Borke verloren.

LEITGEWEBE MIT KAMBIUM

Phloem: Leitgewebe aus lebenden Zellen, vor allem für den Ferntransport organischer Verbindungen. Im Dickenwachstum durch die Tätigkeit des Kambiums Umbau zum Bast (sekundäre Rinde); besteht aus Siebzellen für axialen Ferntransport, dem Siebparenchym zur Speicherung, den Bastfasern und Steinzellen mit Festigungs- und Schutzfunktion und den Baststrahlen für den Transport von innen nach außen und umgekehrt.

Kambium: teilungsfähige, nur aus einer Lage bestehende Zellschicht, die im Verlauf des Dickenwachstums nach außen die Zellen des Bastes, nach innen die Zellen des Holzes abgibt.

Xylem: Axiales Wasserleitgewebe aus meist toten, verholzten Zellen. Durch die Tätigkeit des Kambiums entsteht das massige Holz (sekundäres Xylem) mit engen Tracheiden, weiten und im Idealfall querwandlosen Tracheen für die Wasserleitung, Holzfasern zur Festigung, lebendem Holzparenchym mit Speicher- und Transportfunktion sowie mit radialen Holzstrahlen, ebenfalls aus lebenden Zellen. Lebende Zellen des Holzparenchyms finden sich nur in den äußeren Partien des Stammes (Splintholz), wo auch die Wasserleitung stattfindet. In den zentralen Teilen (Kernholz) werden Harze, Gerbstoffe, Calcium, Silicium und andere Stoffe abgelagert.

MARKGEWEBE

Mark: Grundgewebe im Zentrum von Stengeln, Ästen und Stämmen. Speichergewebe, im Alter oft abgestorben, dann sind die Zellen lufterfüllt oder nur noch als Markhohlraum erhalten.

Markstrahlen: Sie verbinden als primäre Markstrahlen das Markgewebe mit der primären Rinde; Funktion: Speicherung und radialer Stofftransport. Im Verlauf des Dickenwachstums werden im Bast die Baststrahlen, im Holz die Holzstrahlen als radiale Gewebsstränge vom Kambium neu angelegt: sekundäre Markstrahlen.

DER
BAUM

60 000

Holzgewächse kennt man auf der ganzen Welt. Doch nur

10 000

Baumarten sind bisher relativ gut erforscht.

Ahorn	Amberbaum
Araukarie	Baumkraftwurz
Birke	Blaugummibaum
Buche	Borstenfichte
Bunyan	Dattelpflaume
Douglasie	Drachenbaum
Eibe	Eberesche
Eiche	Erdbeerbaum
Erle	Färbereiche
Esche	Felsenkirsche
Eukalyptus	Flaschenbaum
Feige	Flügelnuß
Fichte	Gagelstrauch
Föhre	Götterbaum
Ginkgo	Hainbuche
Holunder	Hartriegel
Jacaranda	Harzeibe
Kastanie	Königsnuß
Kiefer	Korkeiche
Kirsche	Kornelkirsche
Lärche	Kreuzdorn
Latsche	Lebensbaum
Linde	Libanonzeder
Lorbeer	Maulbeerbaum
Magnolie	Momitanne
Mandel	Moorbirke
Manzanita	Oregonesche
Mimose	Osagedorn
Mispel	Papierbirke
Myrte	Purpureukalyptus
Pappel	Rosinenbaum
Parrotie	Roßkastanie
Paulownie	Sandbirke
Persimone	Scheinbuche
Pinie	Schimmelfichte
Platane	Schuppenrindenhickory
Quitte	Seideneiche
Rimu	Silberpappel
Robinie	Strandkasuarine
Sequoia	Tigerschwanzfichte
Strobe	Tränenkiefer
Tamariske	Trauerweide
Tanne	Trompetenbaum
Ulme	Vogelbeerbaum
Weide	Walloneneiche
Zeder	Zimmerlinde
Zirbe	Zimtahorn
Zypresse	Zürgelbaum

Rinde, Borke, durch Sturm und Eis gegerbte Haut. Glatt und zart oder grobsplittrig aufgerissen. Seidig weich oder mit Dornen besetzt. Zartes Weiß oder dicht dunkelbraunes Anthrazit. Nur selten achten wir darauf – doch die Formen- und Farbenvielfalt von Borken ist verblüffend, oft ausgeprägter als das Holz, das sie umschließt. Hitze, Frost, Moos, Insekten, Schnee, Feuer, Fäulnis, Hagel, Pilze, Regen, das Taschenmesser eines Verliebten: Auch ein Baum hat seine Feinde. Und Rinde ist Schutz. Sie beschützt das Empfindlichste, was ein Baum hat: das zarte, verletzliche Gewebe zwischen Bast und Holz, das Kambium. Es bildet nach innen das Holz des Stammes, der Äste und Wurzeln, nach außen den Bast, ein fasriges Gewebe, das vor allem dem Transport von Stoffen dient.

Diese schützende Rindenrüstung hat Geschichte. Vergleichbar unserer eigenen Haut spiegelt sich das Leben eines Baumes in seiner Rinde wider. Von »Kindeswurzeln« an ist sie Wind und Wetter ausgesetzt. Die Lebensjahre, das Klima, der Boden, Krankheiten, der Standort: Alles gestaltet die Rinde mit.

Die junge Rinde ist zart, die alte zerfurcht wie ein steinaltes Antlitz. Schließt man die Augen und streicht mit der Hand über die Haut eines Baumes, berührt man sein Wesen.

Palmenwälder sind für uns der Inbegriff vom Nichts-wie-weg-hier: der Urlaub vom guten alten deutschen Wald. Das finstre Fichtensoldaten-Heer, das die Laubwälder verdrängte, gegen die lichtdurchflutete Leichtigkeit südlicher Palmenwälder: einfach chancenlos …
Der Palmenstamm ist ähnlich wie ein Telefonkabel aufgebaut. Der schlanke, biegsame Korpus besteht aus einem dichten Bündel von Leitsträngen, eingebettet in ein Grundgewebe. Der »Ringelstrumpf« des Stammes zeigt die Basen abgefallener Blattwedel.

Zweige und Wurzeln: innige Verknüpfungen mit Luft und Erde, für jede Baumart ein persönliches Merkmal. Blätter und Wurzeln verbinden den Baum mit der Welt, sie regeln Nahrungsaufnahme und Atmung. Sie sind Wohn- und Lebensraum für zahlreiche Tiere und für viele andere Pflanzen: Ein Baum ist selbst eine Großstadt für Algen und Käfer, Vögel und Flechten, Misteln und Moose. Ja selbst für Fische: so bei den schutzbietenden Luftwurzeln der Mangroven in den Sümpfen von Florida.

Wurzeln, Wurzeln schlagen, Wortwurzeln, tief verwurzelt sein, entwurzelt sein, Haar-, Zahn- und Nasenwurzeln, Quadrat- und Kubikwurzeln, Wurzelsud, etwas an der Wurzel packen, Wurzelwerk, mit der Wurzel ausrotten, Wurzelsepp, zu den Wurzeln zurückkehren – so viele Wurzeln in unserer Sprache!

Selbst in der Wortwurzel von Würze steckt die Wurzel, nämlich als »Wurz«: Bärwurz, Engelwurz, Gelbwurz. Wir würzen mit Substraten aus Kräutern, Gemüsen, Samen und Wurzeln. Das Wort Wurzel ist eine westgermanische Bildung, die von althochdeutsch *wurzala* und auch altenglisch *wyrtwalu* kommt, ist also eine Zusammensetzung aus *wurt* und *walu* und bedeutet soviel wie krautiger Stock.

Viele Wurzeln des Pflanzenreiches können recht nahrhaft sein, nämlich dann, wenn sich Pflanzen in ihrer Wurzel ein Nährstofflager anlegen, so etwa die Schwarzwurzeln, Rüben, Rettiche und Radieschen – dieses Wort kommt übrigens von lateinisch *radix* für Wurzel. Die Wurzeln sind für Bäume allerdings nicht nur Nährstoffspeicher. Sie bieten den Riesen Halt und holen aus dem Boden Nährstoffe und auch das lebensnotwendige Naß: Rund 9000 Liter Wasser braucht eine 100jährige Buche in der Vegetationsperiode eines Jahres.

Fast unsichtbar vollzieht sich der Übergang vom Erdreich zum Baum: Mikroskopisch feine Würzelchen, am Anfang noch zart und unverholzt, streben in die feinporige, nahrungbringende Erde eines Waldbodens. Wie aus unzähligen kleinen Quellen in den Bergen ein kraftvoller Bach zu Tal fließt, sammeln zigtausend winzige Wurzeln Wasser und Nahrung ein, um im Säftestrom eines mächtigen Baumstammes zusammenzufließen.

Wurzeln müssen nicht immer im Boden stecken: Mangroven zum Beispiel bilden »Luftwurzeln« aus, die bereits vom unteren Teil des Stammes aus seitlich abzweigen und dann in die Tiefe führen (Bild Seite 84/85). Der den Indern heilige Bunyan-Baum kann von seinen Zweigen aus neue Wurzeln zum Boden schicken und auf diese Weise eine Baumskulptur mit Hunderten von Wurzeln entwickeln.

Wurzelholz ist für manche Zwecke ein besonders geschätzter Rohstoff, da es oft wild gemasert und besonders dicht ist. Man macht daraus zum Beispiel Furniere für besonders wertvolle Möbel und Schatullen. Und das berühmte Bruyère-Holz, das Wurzelholz der im Mittelmeerraum beheimateten Baumheide, wird für Pfeifenköpfe verwendet. Bis zu 70 Jahre muß es gelagert werden, bevor es seine heiße Aufgabe erfüllen kann. Eine besonders schön gemaserte Bruyère-Pfeife kann bis zu tausend Mark kosten – ein Preis, von dem manch schöner Schmuckstein nur träumen kann. Doch für eine Wurzel der Erkenntnis …

Bäume sind nicht nur ein Lebensraum für viele Tiere und Pflanzen. Rinde, Holz, Äste und Wurzeln dienen ihnen auch als Nahrung und als vielseitiger Werkstoff. Weil wir selbst nicht gerne aufgefressen werden und weil ja alles Holz nur uns gehört, bezeichnen wir solche Tiere und Pflanzen als »Schädlinge«.

Biber zum Beispiel fällen ganze Bäume und bauen ihre raffinierten Wasserburgen daraus. Spechte zimmern sich gemütliche Wohnhöhlen in die Stämme.

Allerlei Käfer treiben im Holz ihr Unwesen: Borkenkäfer, Scheibenbock, Eichenbock, Splintholz- und andere Käfer. Zudem rücken Weidenbohrer, Ameisen, Pilze, Holzwespen, Schwämme, Raupen, Bohrasseln und Bakterien einem Baum zu Leibe. Die Schiffsbohrmuschel hat sich dagegen auf verarbeitetes Holz spezialisiert.

Termiten und Wespen wiederum verarbeiten das Holz in echte Werkstoffe und bauen sich damit ihre Behausungen: Termiten mit selbstgemixtem »Holzbeton«, Wespen aus kunstvoll verarbeitetem Papier (Bild rechts).

Jede Baumart hat ihre eigene Lebenszeit. Manche Bäume können ein Alter von vielen tausend Jahren erreichen, wenn ihnen nicht durch einen Vulkanausbruch, Sturm oder Erdrutsch ein vorzeitiges Ende gesetzt wird, wenn Tiere, Pflanzen, Menschen oder Gifte sie nicht bezwingen. Der Baum ist das ideale Sinnbild der Unsterblichkeit, Holz ein Meister der Wandlung, der Verwandlung.

DER BAUM

Ein Baum ist ein Lebewesen. Mit allem, was dazugehört. Mit Körper, Geist und Seele. Hier und heute nehmen wir nur seinen Körper wahr – er ist verwertbar. Zu anderen Zeiten und an anderen Orten wohnen in Bäumen Götter und Geister, durch Mythen und Märchen sprechen sie zu uns.

Wie der Löwe König der Tiere, so ist der Baum König der Pflanzen. Krone hin oder her, König Baum ist heute zur Massenschlachtung verdammt. Holz ist heute vor allem Zins. Freilich nicht überall, und es gibt sie noch, die Könige, die starken Sinnbilder, Hunderte von Jahren alt: die Feldeiche von Rehborn, die Tassilo-Eiche von Wessobrunn und viele andere. Allein in München stehen über 300 große Einzelbäume, geschützt als Naturdenkmal.

Ein Baum ist eine volle Persönlichkeit, vielleicht das differenzierteste Wesen der Pflanzenwelt. Und er ist uns gar nicht so unähnlich. Er hat Arme und Füße, Blut und Lymphe, einen Leib, schlank oder stattlich, hat Haut und Haare, hat ein Geschlecht oder auch zwei, er sproßt aus eigenem Antrieb. Ein Baum ruht oder wächst, ist gesund oder krank. Ein Baum stirbt, und das einzige, was von ihm bleibt, sind seine Knochen, ist das Holz. Von der Entstehung bis zu seinem Tod durchlebt ein Baum eine persönliche Entwicklung.

Holztechniker wissen es: Buche ist nicht Buche, Eiche nicht Eiche. Je nach Standort, je nach der eigenen Geschichte sind Bäume und ist auch ihr Holz unterschiedlich. Jeder Baum stellt ein hochdifferenziertes Individuum dar.

Oft sieht man ja den Wald vor lauter Bäumen nicht. Ein Wald ist wie eine Stadt, und die Bäume haben darin ein ausgeprägtes Sozialleben, im kleinen wie im großen. Es gibt Einsiedler ebenso wie Herdentiere. Es gibt »Originale« und nur schwer unterscheidbare Massenwesen. Gerade wie sie sich entwickeln konnten: als alleinstehender Einzelkämpfer oder als massenhaft angesiedelte »Zins«-Soldaten. Man trifft schrullige alte Tanten, grazile Jünglinge, knorrige Saufbrüder, kalkulierte Nutzindividuen – kurz, unter Bäumen finden wir so ziemlich alles, was wir in der eigenen Gesellschaft antreffen.

Deshalb können wir mit Bäumen persönliche Freundschaften schließen. Versuchen Sie es: Setzen oder stellen Sie sich an einen Baum, der Sie »anspricht«, lehnen Sie sich an seinen Stamm, schließen Sie die Augen und warten Sie. Haben Sie Geduld, bis Ihr Inneres zur Ruhe kommt, bis der Baum die Chance hat, seine stille Sprache zu entfalten. Nicht umsonst gibt es über Bäume Lieder, Märchen und Gebete, und es ist kein Zufall, daß Buddha sein Erwachen unter einem Baum fand.

Die Persönlichkeit Baum – mit Ästen, Zweigen, Wurzeln, Harz, Blättern – ist ein starkes Symbol. Der Stammbaum, der unsterbliche Lebensbaum, der Schlagbaum, der Weltenbaum. Der Entscheidungsbaum zum Beispiel ist eine wichtige Metapher in der Mathematik: Durch den Wirrwarr der Baumkrone führen logische Wege, wie in den Vernetzungsbäumen eines Computers.

Der Stamm ist das Auffälligste, was Bäume von anderen Pflanzen unterscheidet. Seine Entwicklung reicht 380 Millionen Jahre zurück in eine Zeit, die wir Devon nennen. Der Sauerstoffgehalt in der Erdatmosphäre hatte eine Konzentration erreicht, die ein reich entwickeltes Pflanzenleben auf dem Festland zuließ.

Die ersten Pflanzen wuchsen im Wasser. Um das Land zu besiedeln, mußte zunächst die irdische Schwerkraft überwunden werden, der die Pflanzen nach dem Ausstieg aus dem Wasser voll ausgesetzt waren. Es entstanden flache, sternförmig ausgebreitete Sprossen, teils nur dezimeterhoch, und völlig blattlose Stengel; Bäume fehlten noch. Wurden aufgerichtete Achsen ausgebildet, dann sorgte einfach der Zellsaftdruck für genügend Halt.

Als später massivere Körper aufkamen, entstanden am Boden liegende »Kriechstämme«, aus denen sich niedrige, Blätter tragende Seitentriebe emporreckten. Die Stämme sorgten für Stabilität, die Triebe für Stoffwechsel und Verbreitung. Damit war die Idee »Baum« geboren. Bald war das Land von Pflanzen erobert. Die wuchernde Konkurrenz und der knapp werdende Raum haben wohl dazu geführt, daß sich einige Pflanzen aufrichteten – mit neuen Anforderungen an Statik, Wasser-, Nährstoff- und Energieversorgung. Der Drang zum Licht war lebensnotwendig, das Konzept »Stamm« dabei von Vorteil.

Im mittleren Devon eilte die Entwicklung rasant voran. Wir finden breit ausladende Kronen auf kleinen Stämmen. In den nunmehr senkrechten Achsen blieben die Zellen bestimmter Gewebebezirke teilungsfähig oder erlangten ihre Teilungsfähigkeit nach einer Ruhezeit neu: So konnten die Stämme zeitlebens in die Dicke wachsen. Da dies vor allem dem verholzenden Wasserleitgewebe, dem Xylem, zugute kam, wurden meterhohe »Holzstämme« möglich.

Bald entstand eine neue Variante: Bei einigen Bärlapp-Arten wuchs nicht das Xylem in die Dicke, sondern die Rinde. Im Karbon, vor 340 Millionen Jahren, finden wir die bis 40 Meter hohen »Rindenstämme« der Schuppen- und Siegelbäume. Eine andere Entwicklung im Karbon waren die röhrenförmigen »Markstämme« der Baumschachtelhalme; sie erreichten bis 20 Meter Höhe. Der Rindenstamm setzte sich nicht durch, er verschwand wieder. Mark-, Wurzel- und Blattfußstamm blieben auf nur wenige Arten beschränkt. Einzig der multifunktionale Holzstamm entwickelte sich im Verlauf der Erdgeschichte zum bevorzugten Stamm der Samenpflanzen.

Mit seinem Bauplan wurden Riesenstämme bis 130 Meter Höhe verwirklicht, so von australischen Eukalyptusbäumen. Nordamerikanische Mammutbäume erreichen 120 Meter Höhe und Stammdurchmesser bis 11 Meter.

Bäume können ein Lebensalter von über tausend Jahren erreichen, wie es für viele Arten nachgewiesen ist. Einzelfälle weisen weit höhere Alter auf: Bei einer Hinoki-Scheinzypresse wurden sogar 6000 Jahre bestimmt, bei einer Grannenkiefer 5000 Jahre.

MENSCH UND HOLZ

WAS MAN AUS HOLZ ALLES MACHEN KANN

Abakus, Alphörner, Altäre, Angelruten, Balken, Baseballschläger, Baugerüste, Beichtstühle, Besenstiele, Bettgestelle, Bilderrahmen, Bleistifte, Bohlen, Bohnenstangen, Boote, Bootsstege, Bretter, Brotzeitbrettl, Brücken, Bühnen, Bumerangs, Butterfässer, Cembali, Dachbalken, Dauben, Deichseln, Dielen, Dübel, Dschunken, Einbäume, Eßstäbchen, Fachwerk, Fässer, Fahnenmasten, Fensterrahmen und -läden, Feuerholz, Flöße, Flöten, Furniere, Futterkrippen, Galgen, Galionsfiguren, Garderoben, Geigen, Gitarren, Goldwaschtröge, Griffelschachteln, Häuser und das Häuschen mit dem ausgesägten Herzen, Harfen, Hebel, Heugabeln, Hocker, das Holzauge, Holzhämmer, Holzschnitte, Holzwolle, Hütten, Ikonen, Indigo, Jalousien, auch das Joch, Käfige, Kämme, Karren, Kegel, Kellen, Kelterpressen, Keulen, Kirchen, Kirchturmuhren, Kisten, Klaviere, Kleiderbügel, Kochlöffel, Körbe, Kommoden, Kreisel, Krippen, Kruzifixe, Kugeln, Kutschen, Lanzen, Latten, Lauben, Lauten, Lehnstühle, Leitern, Maibäume, Marionetten, Marterl, Masken, Mastbäume, Melkschemel, Meterstäbe, Mikado, Mühlen, Nachtkästchen, Nähkästchen, Nistkästen, Paletten, Palisaden, Papier und Pappe, Paravents, Parkbänke, Parkett, Pavillons, Pfahlbauten, Pfeifen, Pfeile und Bögen, Pfeiler, Pforten, Pfosten, Planken, Preßspanplatten, Prothesen, Pulte, Puppenköpfe, Räder, Räucherwerk, Regale, Ruderboote, Särge, Schachfiguren und -bretter, Schatullen, Schaukelpferde, Schindeln, Schiffe, Schilde und Schilder, Schlitten, Schränke, Schreibtische, Schuhe, Schuhspanner, Schulbänke, Seifenkisten, Skier, Spanschachteln, Spazierstöcke, Speere, Spielzeuge, Spindeln, Spinnräder, Sportgeräte, Stadel, Staffeleien, Ställe, Standuhren, Statuen, Steckenpferde, Stelzen, Stiefelknechte, Stopfeier, Streichhölzer, Stricknadeln, Stühle, Tabaksdosen, Tafeln, Telegraphenmasten, Teller, Tempel, Theken, Tische, Türen und Tore, Totempfähle, Treppen, Tröge, Trommeln, das Trojanische Pferd, Truhen, Türen, Ukulelen, Viehtränken, Vogelhäuschen, Wäscheklammern, Wasserschöpfräder, Webstühle, Wiegen, Xylophone, Zäune, Zahnstocher, Zellulose, Zuber und Zwillen – alles aus Holz.

Ganz abgesehen von den zahllosen Dingen, wo Holz nur für Hilfskonstruktionen verwendet wird, wie beim Holzgriff einer Axt.

Gibt es eine Kreuzigung ohne Holz? Altäre und Beichtstühle sind Holz, auch Heiligenbilder, Engel, Christus, die schwarze Madonna. In der Religion zieht man Holz dem Stein und Erz vor, und eine Ikone aus Polyäthylen ist nicht denkbar. In der Antike aber gab es sie: Götter aus Marmor; in Asien: Buddhas aus Bronze – geschaffen für alle Ewigkeit … Aber auch Holz hält lange, und mit dem Bild Gottes aus Holz können wir direkt in Kontakt treten. Vielleicht können wir im Glauben nicht auf die Lebendigkeit verzichten, die Lebendigkeit des Holzes.

Wenn wir von allen Seiten ganz mit blankem Holz umgeben sind, in einem Tempel, einer Kirche, einem Konzertsaal oder in einer Blockhütte, dann erfahren wir die lebendige Kraft dieses Baustoffs ganz direkt und ohne Umweg.
Es muß damals, als wir noch »in den Wäldern« lebten, so ähnlich gewesen sein. In der natürlichen Einheit von Material, Form, Sinn und Leben.

Feuer, Düfte, Arzneien: Holz und Rinde sind Quelle vieler Kostbarkeiten. Gummiarabikum, Kautschuk und Kork sind dabei lediglich die »gröberen« Rohstoffe. Zu den feineren zählen **Tannine**: in der »Gerberlohe« von Eichen und Kastanien zur Lederherstellung; auch in den »Färberrinden« vieler Bäume.
Duft- und Aromastoffe wie Zimt, Kaskarilla, Sandelholz und Weihrauch.
Salicin aus Rinden der Salicaceen, die Vorlage zur Formel für Acetylsalicylsäure (Aspirin).
Chinin, Chinarinde: einer der bittersten natürlichen Stoffe, ein altes Fieber- und Malariamittel. Eine ganze Reihe solcher Stoffe findet man in Holz und Rinde, vor allem ätherische Öle und Harze, aber auch stark wirkende Alkaloide, mit denen sich ein Baum gegen pflanzliche und tierische Eindringlinge wehrt. Manche wirken so stark, daß man bei der Bearbeitung dieser Hölzer vorsichtig sein muß, besonders wenn es sich um tropische Arten handelt. Doch: Starke Gifte sind auch starke Heilmittel.

Ohne Holz gäbe es kein Haus, kein Olivenöl, keinen Ackerbau, keine Brücke, keinen Wein, kein Lagerfeuer, keinen Bergbau, keine Küche, keine Bewässerung der Wüste, keinen Webstuhl, keine geräucherten Forellen, keinen Ochsenkarren …
Was hätten wir denn damals eigentlich gemacht, wenn es kein Holz gegeben hätte?

Nur weil es Holz gibt, können wir Pyramiden bauen, ein Orchester hören, Troja erobern, Staudämme errichten, Bücher drucken, den Atlantik überqueren, Strümpfe stricken, in einen Wirtshaustisch unseren Namen ritzen, eine Pfeife stopfen …
Was macht es dann für einen Sinn, mehr Bäume zu schlagen, als wir wieder anpflanzen?

Im Holz steckt Zeit. Die Zeit, in der der Baum aufwächst. Die Lebenszeit, bevor man ihn fällt. Die Jahre der Reife und Trocknung, bis das geschnittene Holz fertig zur Bearbeitung ist. Die Zeit, mit der ein Handwerker oder ein Künstler etwas aus ihm schafft. Und die Zeit, die das fertige Stück den Menschen dient.

Deshalb muß eine Geige lange gespielt werden, bis sie ihren vollen Ton entwickelt. Deshalb ist ein Barockmöbel lebendig, schon weil der Schreiner seine Zeit, seine Sorgfalt, sein Wesen darin eingearbeitet hat. Deshalb ist ein neuer Preßspankasten seelisch leer. Er ist von einer Maschine, und zwar möglichst in Nullzeit, hergestellt. Ein modernes Fabrikmöbel ist am »schönsten«, wenn es aus der Werkstatt kommt – die anderen werden immer schöner, je mehr Jahrhunderte in ihnen stecken.

Die dicke Eichenplatte eines Eßtischs, der über 10 Jahre in einer Küche steht: Sie enthält die Geschichten des Hauses und seiner Menschen. Die Schulbank, die Kirchenbank, die Werkbank: Sie sind Zeugen von Sorgen und Freuden, von Stunden und Wochen und Monaten und Jahren.

Holz ist offen. Es nimmt auf, und es gibt ab. Es speichert Zeit, Geschichte und Geschichten. Will man seine Offenheit begrenzen, muß man es versiegeln, mit Leinöl, Bienenwachs, Lack. Doch ganz verschließen kann man es nie. Deshalb hat Holz die einzigartige Fähigkeit, mit dem Gebrauch immer schöner zu werden.

Rund und rollt: Das Rad ist nicht erfunden worden. Wenn es überhaupt jemand erfand, dann der Baumstamm selbst. Das Rad wurde logisch aus dem Kreis entwickelt, und den finden wir schon auf ältesten Felszeichnungen – Räder aber erst später und zuerst in Tempeln. Vom schlichten runden Rad aus Bretterscheiben bis zum technisch voll entwickelten Rad mit Nabe, Speichen und Felge war es nur ein kleiner Schritt. Beides, fanden Archäologen heraus, gab es schon drei-, viertausend Jahre vor der Zeitwende, ausgerechnet an Streitwagen in Mesopotamien. Dann folgten das Schöpfrad zur Bewässerung eines Ackers, die Hebekunsträder alter Bergwerke, schließlich das Räderwerk der Kirchturmuhr: das Rad der Zeit.

Der chinesische Verwaltungsbeamte Tsai Lun erfand vor 1800 Jahren das Papier. Die alten Holzakten wurden ihm zu schwer, sein Rücken schmerzte. Doch manchmal ist Geschichte paradox. Das Buch, das Sie gerade in der Hand halten, ist schwerer als Holz, es enthält nämlich Baryt (»Schwerspat«). Morgen werden die Akten in Kristallen gespeichert. Dann hat in einem Niob-Tantal-Kristall eine ganze Bibliothek aus Holz und Papier Platz – man kann sie zwischen zwei Fingern halten …

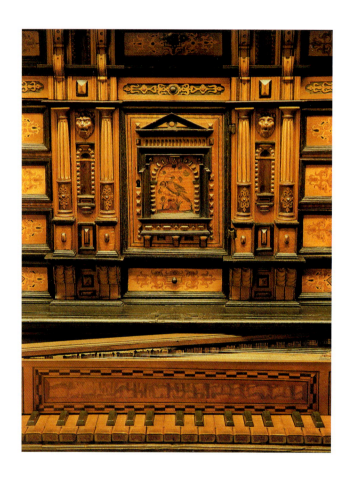

Ein gutes Klangholz ist der Edelstein unter den Hölzern. Wer es finden will, muß bereits dem lebenden Stamm anhören, ob in ihm der richtige Rohstoff steckt.

Im Wort »Laute« steckt das Holz. Von den Kreuzzügen mitgebracht, wurde der arabische Name für dieses Musikinstrument gleich mitimportiert: *al'-ūd* heißt soviel wie »aus Holz«. Heute noch heißt die arabische Laute einfach *ud*, Holz.

Das Xylophon ist das direkteste Holzinstrument, der Ton wird unmittelbar am Holz erzeugt. Bei Flöten und Saiteninstrumenten sind es Luftsäulen, Metalle und Därme, die den Ton erzeugen – das Holz aber schenkt dem Ton seinen persönlichen Charakter. Der Klang des Holzes ist deshalb ein Bestandteil der Seele. Ohne Holz hätte sich das Beste nicht entfalten können, was Menschen machen: die Musik.

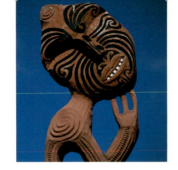

Gesichter in Holz. Masken für Fastnacht, Theater und Ritual. Der Kasperl und das Krokodil. Maria mit dem Kind. Das Antlitz des leidenden Chris-tus. Der Totempfahl, in dem die Gesichter der Ahnen erkannt werden.
In allen Kulturen und zu allen Zeiten finden wir Gesichter in Holz, großartige Meisterwerke, die uns direkter anblicken als die edelste Marmorbüste, der kunstvollste Bronzeguß. Nirgendwo anders kommt die Verwandtschaft von Holz und Mensch treffender zum Ausdruck als im geschnitzten Gesicht. Es gibt Menschengesichter, die vom Leben so geschnitzt wurden, daß es schwerfällt zu unterscheiden, ob wir auf Holz oder auf Haut blicken.

MENSCH UND HOLZ

Arbeiten mit Holz: das nach seiner eigenen Geschichte gewachsene Holz nach unserem Willen formen. Wer einmal selbst geschnitzt, gesägt, ein Möbel gebaut hat, weiß um die Widerstandskraft, um die eigene innere Konsequenz, die Struktur des Holzes. Die Meisterschaft in der Bearbeitung von Holz erreicht man erst, wenn man es achtet. Wenn man jede Biegung und Windung im dreidimensionalen Holzraum schätzt und kennt, so wie sich selbst.

Holz ist genauso schwer zu beherrschen wie Feuer. Beide sind wild wie die Natur, sie vertragen Herrschaft so schwer wie wir. In einem Holzhaus das Feuer hüten – eine besondere Kunst! Waldbrand, Wacholdergeräuchertes, das Rauchopfer aus Sandelholz: Mensch, Holz und Feuer – eine uralte Geschichte.

Das erste Goetheanum, bei Dornach in der Nähe von Basel 1914 ganz aus Holz errichtet: Es stand nicht lange, Silvester 1922 wurde es angezündet und brannte lichterloh. Rudolf Steiner ließ dann das zweite aus Stein bauen: als gegossenen Beton-Monolithen.

Der Meisterung von Feuer und Holz folgte die Beherrschung der Stofflichkeit des Holzes. Echtes Holz, dem man sein Holzsein noch ansieht, ist heute ein Rohstoff für Romantiker. Denn für viele Aufgaben ist Holz längst veraltet. Die Bibliothek aus Holz und Büchern (Seite 149) ist eine schöne Reminiszenz an jene grauen Zeiten, in denen es noch keine Computer gab.

In modernen Autos ist Holz höchstens noch die schicke Deko. Auch Weltraumraketen und Satelliten aus Holz machen keinen Sinn, und daß die erste Mondstation auch nur ein einziges kleines Stück Holz enthalten wird, ist unwahrscheinlich. Man mag dies bedauern, doch eins-zwei-drei, im Sauseschritt, rennt die Zeit …

Im Holz steckt auch modernes Material für die Jetztzeit. Längst haben Holztechniker, Physiker und Chemiker es geschafft, den Rohstoff Holz soweit zu verwandeln, daß Werkstoffe für die moderne Technik, aber auch Baustoffe für die neue Architektur daraus geworden sind. Es fing ganz harmlos an: Jemand zerschnipselte die Holzreste seiner Werkstatt, leimte sie zusammen und machte Preßspan draus. Doch bald wurde immer kleiner geschnipselt, bis auf Molekülebene, und es entstand Cellulose-Acetat, ein ideales Material für allerlei moderne Utensilien und ein in beliebiger Menge nachwachsender Rohstoff.

Die Weltbevölkerung wächst, und brauchbare Werkstoffe sind mehr gefragt als je zuvor. In Holz und Rinde fand man so manches, und der Holzverbrauch der Welt wuchs gigantisch. Er wird heute nur durch Kohle (übrigens Holz aus steinalter Zeit) und Erdöl übertroffen! Derzeit werden jährlich über 3 Milliarden Kubikmeter Holz geschlagen – etwas mehr als die Hälfte davon wird als Brennholz verwendet.

Was nicht verheizt wird, dient als Rohmaterial für die klassische Holznutzung: Möbel, Furniere, Innenausbau, Sportgeräte, Leitern, Fässer, Formteile, Musikinstrumente, Griffe und Stiele, Schalungen, Verpackungen, Hütten, Fenster und Türen, Schindeln, Treppen, Parkett, Paletten, Boote, Küchengeräte …

Mit Papier und Pappe gelang es, Rohstoffe zu entwickeln, denen man die Herkunft aus dem Holz nicht ansah. Zunächst aus anderen Pflanzenfasern gemacht – aus Hadern: abgetragenen Kleidern und Stoffresten –, mußte man wegen des hohen Bedarfs zu Fasern von Holz und Rinde greifen. »Holzhaltig« ist für die Prawda noch ein Gütesiegel, für das vorliegende Buch schon nicht mehr. Es enthält zwar Fasern aus Holz, jedoch hat man ihnen das Lignin entzogen.

Um 1850 wurde eine weitere Zerkleinerungsmethode von Holz weiterentwickelt: Das Schneiden der Furniere, zuvor noch von Hand mit der Klobsäge geschehen, konnte durch die Entwicklung der Holzschältechnik enorm verbessert werden. Und 1893 begann man, das geschälte Holz zu verleimen: das Sperrholz war geboren – auch heute noch ein wichtiger Werkstoff und längst zum vielseitigen Verbundholz weiterentwickelt.

Dies sind klare, industrielle Schritte weg vom Holz, vom sinnlich erfahrbaren Vollholz zu einem technisch optimierten Produkt. Die Vorteile liegen auf der Hand: größere Plattenformate und rationellere Herstellung; außerdem konnte der natürliche Bewegungsdrang, das »Arbeiten«, des Holzes durch Kleinschneiden der Fasern gebrochen werden.

Eine Verarbeitungsstufe weiter finden wir dann Produkte, die noch einen deutlichen Schritt weiter weg vom »Real-Holz« führen: Etwa ab 1920 begann man mit Hilfe einer für die Papierherstellung entwickelten Faserungstechnik das Holz kleinzuraspeln und Spanplatten und Faserplatten herzustellen. Man merkt ihnen die Herkunft aus dem Holz nur noch bei genauem Hinsehen an. Die Vorteile wieder ganz klar: praktisch kein Arbeiten des Holzes mehr, noch größere Formate sowie die Möglichkeit zu umfangreicher Massenproduktion. Motor dieser Entwicklung war die wachsende Möbelindustrie.

Doch sind nicht alle »Nachteile« naturgewachsenen Holzes durch Kleinfasern zu beheben. Und im Verlauf der Technisierung wurde Holz von anderen Materialien abgelöst: Eisenbahnschwellen sind heute aus Beton, Telegraphenmasten und große Träger in modernen Bauten aus Stahl oder Stahlbeton, Bürostühle aus Kunststoffen. Der Architekt Richard Döcker sagte bereits 1927, daß das Holz kaum noch Einfluß auf die Entwicklung der Moderne nimmt.

Trotzdem machte Holz eine moderne Karriere: als chemisches Produkt. Zellwolle, Cellophan, Kunstseide, Cellulose-Acetate und Celluloid werden durch raffinierte chemische Aufschlußverfahren aus Holz gewonnen. Bayer produzierte bereits im Jahre 1907 eine Kunstseide aus Cellulose-Acetat. So verwendet jeder von uns Holz, ohne es zu wissen: Brillengestelle, Klarsichthüllen, Griffe von Schraubenziehern, Sichtfenster von Briefumschlägen, Filter von Zigaretten – letztlich alles aus Holz.

Nehmen Sie ab und zu ein Stück Holz zur Hand! Denken Sie zurück an jene Zeit, als der allererste Mensch mit Holz noch Feuer machte …

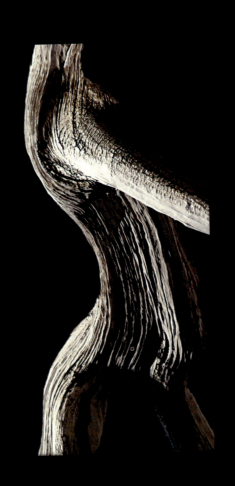

LEBENDIGES HOLZ

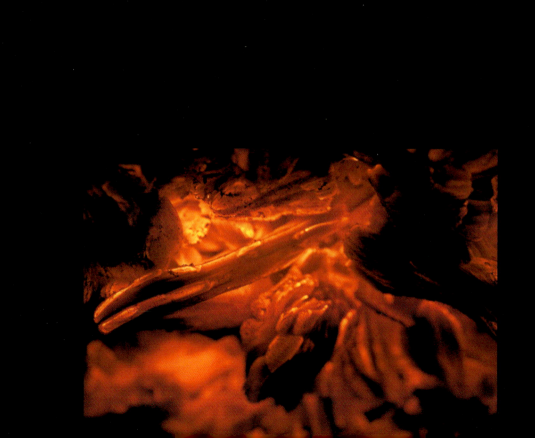

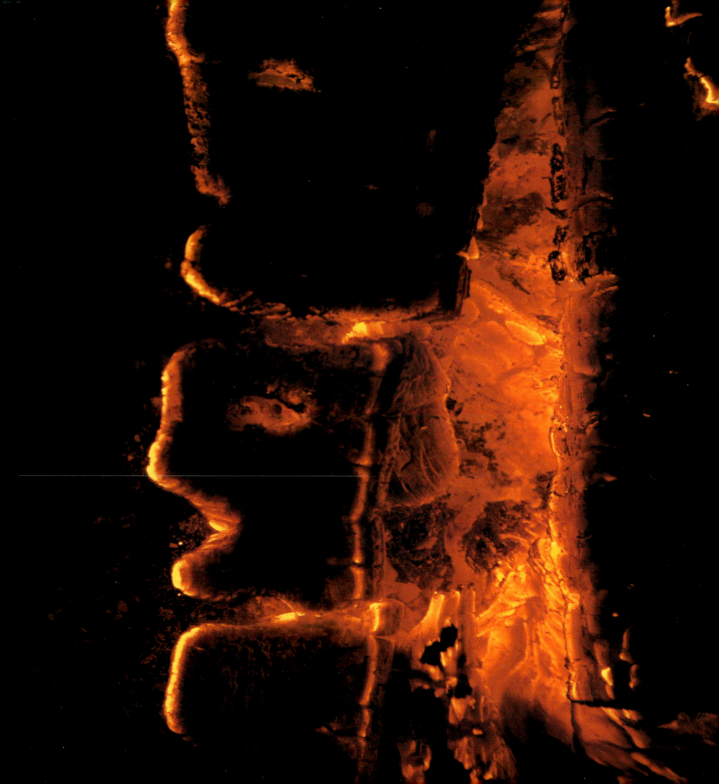

BILDLISTE

Sind mehrere Bilder auf einer Seite, gilt erst die linke Spalte, dann die rechte.

Schutzumschlag: Grannenkiefer, White Mountains, Kalifornien
2/3 Treibholz-Wurzel, Colorado River
4/5 Verwittertes Stirnholz, Almhütte im Berner Oberland
6/7 Holzhaus, Nordkalifornien
8/9 Alter Olivenbaum, Sizilien
Die Bilder auf den Seiten 18–27 zeigen fossiles Holz
18 Detail eines fossilen Holzes, ca. 10 cm im Original
20/21 Baumstamm, Petrified Forest National Park, Arizona
22 Baum-Bruchstücke, Petrified Forest National Park, Arizona
23 Baumstamm, aus einer Felswand auswitternd, Wolverine Petrified Wood Area, Utah
24 Detail eines Querschnitts, ca. 15 cm im Original
25 Kompletter Stamm, Querschnitt, ca. 1 m im Original
26, 27 Details von fossilen Hölzern unterschiedlicher Größe
30 Fichten-Windbruch, Oberbayern
Die Bilder auf den Seiten 32–37 sind Rasterelektronenmikroskop-Aufnahmen, hergestellt im Institut Dr. Klingele München
32/33 Mikrostrukturen eines Baumsamens, Originalbreite 3 mm
34 Röhrenstrukturen eines Palmwedels, Originalbreite ca. 1 mm
35 Querschnitt durch einen fossilen Palmfarn
36, 37 Cottonwood, 70fach/Fichte, 280fach/Balsa, 740fach/Balsamark, 350fach/Eisenholz, 200fach/Kaktus, 55fach/Palme, 14fach/Rosenzweig, 1900fach
38/39 Detail einer Grannenkiefer, Kalifornien
40 Rinde an verwitterndem Baumstamm, Utah
41 Wachstumsstrukturen an verwitterndem Holz, Utah
43 Holzbrett, Stadel in Oberbayern
44/45 Verwittertes Wurzelstück, Utah
46, 47 Wurzel- und Stammdetail, Grannenkiefer, Kalifornien
48, 49 Treibhölzer, Lake Powell
50/51 Thuja-Holzfurnier, etwa Originalgröße
53 Objekt aus Rinderknochen und Wurzelholz, Utah
54/55 Verholzte Gewebe getrockneter Kürbisse
56 Blick durch den hohlen Baumstamm auf S. 57, Utah
58–61 Grannenkiefern, White Mountains, Kalifornien
64 Baumstamm, Mammoth Lake, Kalifornien
66, 67 Redwood, Kalifornien
68/69 Wald, Mount Lassen National Park, Kalifornien
70, 71 Rindendetails: Palme, Fichte, Eiche, Birke u. a.
72/73 Rindenaugen, Aspen, Utah
74/75 Cottonwood, Utah
76/77 Englischer Garten, Landsberg am Lech
78/79 Buchenwald, Spessart, und Aspenstämme, Utah
80/81 Rindendetails: Eukalyptus, Fichte, Platane, Palme
82 Palmen, Hawaii
83 Angeschwemmte Palmen, Fidschi
84 Baumsilhouette, Irland
85 Mangroven, Fidschi
87 Wurzeln, Utah
88 Wurzeldetails
89 Entwurzelter Redwood, Kalifornien
90, 91 Holz und Tiere: Würmer, Käfer, Biber, zerfallendes Wespennest, Utah
92, 93 Zerfallende, alternde Bäume, Kanada und Hawaii
94 Fichtenbruch im Rauhreif, Oberbayern
95 Rauhreifbeladene Fichten, Oberbayern
96/97 Waldbrand, Yellowstone National Park
98 Verkohltes Holz
99 Verkohlter Cottonwood, Utah
102 Mensch und Holzfeuer, Lake Powell

105 Blockhaus, Tessin
106 Holzhaus, Ballenberg, Berner Oberland
107 Holzdetails an diversen Häusern
108/109 Holzschindeln, Brienz, Berner Oberland
110, 111 Holzmasken, Alpenraum
112 Detail aus dem nebenstehenden Altar/Holzchristus, Tirol
113 Altar, Naumburger Dom/Holzschnitzer, Oberammergau
114/115 Fassade eines Hauses in Wernigerode, Thüringen
116/117 Fachwerk: Häuser und Details, Deutschland
118 Holzbalkendecke einer Kirche, New Mexico
119 Dachzimmer in England
120 Häuser im Berner Oberland/Korbflechter/Wäschepresse/Pferdestall
121 Holzinschrift an Scheunentor/Details aus dem Hausmuseum Ballenberg, Schweiz
122 Alter Bürstenpinsel
123 Holzschüssel, Teigbottiche, Schuhhölzer
124 Räucherfisch
125 Indianischer Medizinmann beim Anblasen der heiligen Glut
126/127 Harzgewinnung, Mark Brandenburg
128 Ägypten: Ölpresse/Bogenschütze, Relief
129 Wasserrad/Musiker/pflügende Bauern, Papyruszeichnung
130 Asien: Holzbauten, Pagoden
131 Holzkohle-Arbeiter, Kuala Lumpur/Teppichmattenflechter
132, 133 Hammerschmiede, Erzgebirge
134/135 Wasserschöpfräder an der Pegnitz
136, 137 Holzräder
138 Viehkorral, Utah
139 Scheune, Montana
140, 141 Verwittertes Sperrholz
142/143 Verwittertes Fichtenbrett, Utah
144/145 Holzbalken an einem Adobe-Haus, Santa Fe
146/147 Alte Holzhäuser, San Francisco
148 Altes Zeitungspapierbündel, Kalifornien
149 Bibliothek in Weimar
150/151 Tischplatte im historischen Studentenkarzer, Heidelberg
152, 153 Holzstühle von David Delthony, Escalante, Utah
154 Holzkrug aus Rotbuche mit Pilzspuren, Volkmar Zimmer, Germering bei München
155 Holzschale aus Reifholz und Palisander-Kugeln, Volkmar Zimmer
156 Virginal in Kabinettschrank, diverse Hölzer, Bayerisches Nationalmuseum, München
157 Holzintarsien eines Schreibtisches, Bayern
158 Birgit Bläuel und ihre Geige, Mani, Griechenland
159 Country-Geiger, Fiddletown, Kalifornien
160 Totempfahl
161 Portrait Crazy Horse, North Dakota
162/163 Holzstangenskelett eines Tipis, Boulder, USA
164 Dreimastsegler in Salem, Massachusetts/Galionsfigur aus Holz, Hamburg
165 Schiffswrack, aus dem junge Bäume wachsen, Salem/Holztürmchen, Cape Cod
166/167 Ruderboote, Usedom
170 Ast einer verwitterten Grannenkiefer
172/173 Wurzelfundstück, Utah
174/175 Treibholzskulptur, Lake Powell
177 Wurzelskulpturen, Lake Powell
179 Fliegender Baumstumpf in einem Windbruch
180, 181 Holzglut-Geschöpfe
182/183 Baumstammauswüchse, Utah
184/185 Grannenkieferskulptur, Kalifornien
186/187 Wurzelskulptur am Strand, Neuseeland
188, 189 unmanipulierte Wurzelskulpturen, Utah
191 Unbearbeitete Holzskulptur einer Bergkiefer, Utah